La Confesión de Fe
para los Presbiterianos Cumberland

GUIA DE ESTUDIO

Michele Gentry

Discipleship Ministry Team, CPC
Memphis, Tennessee

2016

The Discipleship Ministry Team of the Ministry Council of the Cumberland Presbyterian Church is the successor organization to the Board of Christian Education of the Cumberland Presbyterian Church.

Funded, in part, by your contributions to Our United Outreach.

First Edition: May 2016

Published by The Discipleship Ministry Team, CPC
Memphis, Tennessee

ISBN-13: 978-0692716106
ISBN-10: 0692716106

Michele Gentry created this Spanish language study guide.
email: gentry.pas@gmail.com

Portada: Monica Correal

Partes de este libro están inspiradas por una obra anterior en inglés del Dr. Thomas Campbell *Study Guide for the Confession of Faith*, utilizada con el permiso del autor.

OUR UNITED OUTREACH
Made Possible In Part By Your Tithe To Our United Outreach

NUESTRA CONFESIÓN DE FE
una guía de estudio para
los Presbiterianos Cumberland

CONTENIDO

INTRODUCCIÓN

Algunas denominaciones - como la nuestra, la Iglesia Presbiteriana USA, y otras - tienen credos escritos o confesiones. Otras grupos - como la Conferencia Bautista del Sur y los Discípulos de Cristo - no tienen credos o confesiones escritos. Las Iglesias que utilizan credos escritos se llaman Iglesias "confesionales" y sus creencias usualmente están apuntadas en un libro. Nuestro libro se llama *La Confesión de Fe para los Presbiterianos Cumberland* y es la base de este estudio. Por lo tanto, cada participante en la clase debe tener una copia de nuestra Confesión de Fe.

Una Confesión de Fe es una declaración concisa de lo que se cree como enseñanza impartida por las Sagradas Escrituras. Hay dos aspectos importantes sobre la naturaleza y función de una Confesión de Fe: Primero, una Confesión de Fe es un documento humano que tiene que comprobarse continuamente a la luz de la Palabra de Dios que es la guía infalible para la fe y la conducta - la regla de autoridad para la vida cristiana. En segundo lugar una Confesión de Fe es una ayuda para el estudia de la Biblia por cuanto identifica las enseñanzas que contiene y las presenta en un formato organizado.

Algunas personas e iglesias mantienen que el sistema de creencias por escrito es bueno, mientras otras afirman que la Biblia es suficiente para expresar sus creencias. Después de leer el Documento 1 al final de las lecciones, anota abajo algunas razonas por las cuales es bueno tener una doctrina escrita enumerando las creencias. También anota algunas razones por las cuales puede ser no tan importante.

IMPORTANTE	NO IMPORTANTE
a. _____	a. _____
b. _____	b. _____

La *Confesión de Fe para los Presbiterianos Cumberland* contiene cuatro secciones de introducción, entre ellas una a la Confesión de 1984. Según esta Introducción, los dos propósitos de una confesión de fe son:

1. _____

2. _____

Aplicación personal:

En la Biblia se encuentran numerosas declaraciones de fe, por ejemplo: Salmo 23; 1 Corintios 15:3-8; 1 Pedro 1:3-9; 2 Corintios 5:16-21; 1 Juan 5:1-12. Lee por lo menos una de las citas anteriores. ¿Qué dice sobre Dios? ¿Sobre la humanidad? ¿Qué contiene que es parte de tus creencias? _____

_____

_____

📖 DOCUMENTO 1.

DIOS HABLA A LA FAMILIA HUMANA

Confesión de Fe 1.01

El párrafo 1.01 enumera algunos atributos de Dios. Completa cada frase con el atributo correspondiente. Puedes utilizar las citas al pie de la página que refieren al contenido de esta sección 1.01 y ayudan a conocer y entender cada característica especial de Dios. Al usar una <u>Concordancia</u> podrás encontrar otras.

1- Dios conoce todo porque es _____

2- Dios no tiene cuerpo porque es _____

3- Dios está en todas partes porque es _____

4- Dios tiene todo poder; es decir, Dios es _____

5- Dios no tiene ni principio ni fin sino es _____

6- Dios es ajeno a toda imperfección e impureza porque es _____

Hay otros atributos. Búscalos en el **DOCUMENTO 2**.

En la Biblia Dios nos ha dicho que es UNO (Deuteronomio 6:4; 1 Timoteo 2:5). Al mismo tiempo se ha revelado como TRES PERSONAS adicionando al concepto de Padre, los del Hijo y del Espíritu Santo (Mateo 28:19). Creemos en la Santa Trinidad - Padre, Hijo, y Espíritu Santo - porque es así como Dios ha escogido revelarse a la humanidad. Siendo que Dios es espíritu, oculto y ajeno a nosotros, sólo conocemos de Él lo que El desea revelar a nosotros. Asimismo, lo que El nos revela de Su Ser es fiel a lo que es, no a lo que nosotros ideamos o quisiéramos que fuera.

✓ **Persona: un núcleo consciente de características espirituales; un centro perceptivo, o sea que se conoce a sí mismo y se distingue de los demás y que también se relaciona con el otro.**

Hay múltiples analogías para la deidad, todas inadecuadas. Uno de los más populares asemeja a Dios al AGUA que existe en tres formas: 1) _____, 2) _____, 3) _____. Pero la analogía es inadecuada por cuando la misma agua no existe en las 3 formas al mismo tiempo. Sin embargo, el eminente teólogo San Agustín de Hipos formuló una analogía que sí ilustra la verdad de la Trinidad: el AMOR: 1) <u>el Padre ama</u>, 2) <u>el Hijo es el Amado</u>, 3) <u>el Espíritu es el amor que los une</u>.

Aplicación personal:

La doctrina de la Santa Trinidad es un fundamento de la fe Cristiana. Busca entre los cantos que utiliza tu iglesia, y anota dos que refieren a Dios como Trinidad.

1) _____

2) _____

📖 DOCUMENTO 2.

¿COMO NOS HABLA DIOS?

Confesión de Fe 1.02 - 1.07

El párrafo 1.02 dice que Dios nos habla de manera única por medio de Jesucristo.

¿Qué revela de la persona su manera de hablar? _____

¿Qué crees que revelaba Dios de Sí mismo cuando dio el Verbo divino al mundo en forma humana? ___

_____

_____

La *Confesión de Fe* afirma que por palabras y hechos Dios invita a las personas a relacionarse en el **pacto de gracia**. En el Antiguo Testamento Dios hizo pactos con su pueblo entre ellos, con:

1- _____ (Génesis 9:9)

2- _____ (Génesis 17:1-8)

3- _____ (Deuteronomio 29:9)

¿Por qué es tan importante un pacto con Dios? _____

Piensa en algunas de las otras relaciones de pacto (convenio o contrato) que tienes, ¿en qué se diferencian del pacto con Dios? _____

_____

Según el párrafo 1.05, ¿cómo se hizo la Biblia? _____

_____

Cuando decimos que la Biblia es "inspirada", ¿qué significa? _____

_____

¿De dónde procede la autoridad de las Sagradas Escrituras según el párrafo 1.06? _____

_____

El párrafo 1.07 indica que "el Espíritu de Dios" nos ayuda a entender las Sagradas Escrituras. También sugiere cuatro maneras en que nosotros podemos ayudarnos en nuestro estudio. Anótalas.

1. _____

2. _____

3. _____

4. _____

Aplicación personal:

¿Cómo seguir estas cuatro sugerencias te ayudan a conocer y entender mejor las Sagradas Escrituras? ¿Qué dificultades encuentras en seguir estos cuatro pasos?

LA VOLUNTAD DE DIOS
Confesión de Fe 1.08 - 1.09

Estos párrafos hablan de la voluntad divina. Es un tema velado en misterio y difícil de entender: es posible que nunca logremos un entendimiento completo de la voluntad divina. ¿Qué nos asegura las Sagradas Escrituras sobre los propósitos divinos? *(Llena los espacios con las palabras correctas de la lista abajo.)*

Dios es _____ (Salmo 115:3; Salmo 135:6). Prepara sus propios _____, y los lleva a cabo en Su propio _____ (Gálatas 4:4). Su voluntad no es arbitraria; actúa en completa _____ con su carácter (Santiago 1:17). Su voluntad es expresión de Su poder y bondad; la salvación por _____ es ejemplo perfecto de la _____ de la voluntad divina (Efesios 1:3-14; 2 Timoteo 1:9). Por ser finitos, no siempre _____ sus propósitos (Isaías 55:8-10), pero toda la vida se debe vivir según la voluntad de Dios, quien la sostiene; "en quien _____ y nos _____ y tenemos _____" (Hechos 17:26-28). Dios obra para nuestro _____, y su voluntad es siempre perfecta (Romanos 8:28; Salmo 33:4-5), aun cuando implica _____ (Hebreos 12:6; 1 Pedro 4:19).

nuestro ser	planes	soberano	sufrimiento
entendemos	armonía	vivimos	bondad
Jesucristo	bien	tiempo	movemos

Busca estas citas:

Debemos _____ Su voluntad. (Colosenses 1:9)

Debemos _____ Su voluntad. (Efesios 5:17

Debemos _____ Su voluntad. (Juan 7:17)

Debemos _____ Su voluntad. (Salmo 40:8)

¿SE PUEDE RESISTIR LA VOLUNTAD DE DIOS?

-Su voluntad *decretiva,* por medio de la cual decreta (ordena) todo lo que va a pasar, no se puede resistir (Daniel 4:35; Gálatas 4:4).

-Su voluntad *preceptiva*, por medio de la cual asigna a sus criaturas los deberes que les corresponden (da preceptos), deja al ser humano con libre albedrío para cumplir o resistir la voluntad divina, aunque resistir e incumplir implican castigo (Mateo 23:37; Juan 5:30-47; Salmo 143:10).

Aplicación personal:

¿Cómo nos revela Dios su voluntad? Anota tres posibles maneras.

1. _____

2. _____

3. _____

DIOS Y LA CREACIÓN
Confesión de Fe 1.10 - 1.12

A continuación hay algunas ideas importantes extraídas de estos párrafos. Relaciona cada idea con por lo menos dos de las citas bíblicas referidas al pie de estos párrafos .

a.   Dios es creador. _____

_____

b.   Los seres humanos son creados en la imagen de Dios. _____

_____

c.   El cuidado de la creación (la tierra y demás criaturas) es una parte vital de nuestra mayordomía.

_____

¿Cuáles son las responsabilidades de un mayordomo en cuanto a los bienes que le son confiados?

_____

_____

¿Cuáles son sus derechos sobre estos mismos bienes? _____

_____

¿Cómo podemos ser buenos mayordomos de toda la abundancia de la creación que Dios nos da? Anota lo que crees ser nuestras responsabilidades ante Dios en cuanto a:

los animales _____

_____

las plantas _____

_____

el aire _____

_____

el agua _____

_____

la tierra _____

_____

las fuentes de energía _____

_____

los minerales _____

_____

Aplicación personal:
¿Qué importancia tienen los distintos aspectos del concepto de mayordomía para tu vida? Participa en una discusión del tema con los demás en la clase.

LA DIVINA PROVIDENCIA
Confesión de Fe 1.13 - 1.18

Una definición de la divina providencia es: **El gobierno de Dios sobre todo lo que existe, dirigido hacia un fin determinado.** Sin ser exactamente igual, otra palabra para la providencia sería "cuidado". Esto implica un **PLAN** para la humanidad y toda la creación. **CONTROL** sobre todo ser y todos los acontecimientos de la historia. **LIBERTAD** para obrar Su voluntad soberana.

¿Según 1.13, quién o qué está fuera de la divina providencia? _____

Busca en el párrafo 1.14 tres posibles agentes de la divina providencia:

      a) _____

      b) _____

      c) _____

Según el punto 1.15, el propósito de la divina providencia es _____
_____

Punto 1.16 afirma que podemos estar seguros que Dios siempre obra para nuestro _____.

Muchos himnos nos hablan del cuidado divino en nuestras vidas. El siguiente es muy expresivo.

          Del amor divino, ¿quién me apartará?

          Escondido en Cristo, ¿quién me tocará?

          Si Dios justifica, ¿quién condenará?

          Cristo por mi aboga, ¿quién me acusará?

              CORO: A los que a Dios aman, todo ayuda a bien:

                       Esto es mi consuelo, esto es mi sostén.

          Todo lo que pasa en mi vida aquí

          Dios me lo prepara para bien de mí.

          En mis pruebas duras, Dios me es siempre fiel

          ¿Por qué, pues, las dudas? Yo descanso en El. (autor anónimo)

Aplicación personal:

Anota algunas ocasiones en que has podido percibir la providencia de Dios en tu propia vida. _____
_____
_____

Comparta con los demás en la clase tus pensamientos sobre el himno citado en la lección. Si conoce otro que trata de la divina providencia puedes compartir sobre el también.

LA LEY DE DIOS
Confesión de Fe 1.19 - 1.22

Por favor, lee primero el **Documento 3** para comprender el concepto Presbiteriano Cumberland de "la ley moral"; luego lee los párrafos asignados de la Confesión de Fe para responder a estas preguntas.

¿Quién da la ley moral? _____ ¿A quién(es)? _____

¿Hasta dónde alcanza la ley moral? _____

¿Cuál es el propósito de la ley moral según la *Confesión de Fe*? _____
_____

¿Cómo se cumple la ley moral en el evangelio? _____
_____
_____

Si la ley moral se cumple en el evangelio, ¿cuál debe ser el comportamiento de cada Cristiano en las relaciones humanas? _____
_____

Además de la ley moral escrita en el corazón de cada ser humano, Dios nos dio una Ley en su Palabra. ¿A quién dio esa Ley escrita? _____

Jesucristo como Dios es autor de la Ley y como sacrificio es el cumplimiento de la Ley. ¿Cómo resumió Jesucristo toda la Ley dada por Dios en Su Palabra? (Mateo 22:37-40) _____
_____
_____

Según Romanos 13:8-9, en esos dos mandamientos caben todos los diez que recibió Moisés. Explica como puede ser. _____
_____

Explica cómo pueden caber todos las normas enunciadas en las epístolas esos dos mandamientos. _____
_____

Aplicación personal:
Anota la implicación que el concepto de la ley moral tiene en tu vida como Cristiano/a? _____
_____
_____

📖 DOCUMENTO 3.

LA FAMILIA HUMANA Y SU LIBERTAD
Confesión de Fe 2.01 - 2.06.

Si Dios sabe lo que haremos antes de hacerlo, ¿en verdad somos libres para aceptar o rechazar la voluntad de Dios? Explica (vea la sección sobre la voluntad de Dios) _____
_____
_____

¿Por qué el pecado nunca es solo un asunto entre el pecador y Dios, sino afecta a otras personas, a la sociedad y al mundo? _____
_____
_____

¿De dónde procede nuestra naturaleza pecadora, fuente de actitudes y hechos pecaminosos? _____
_____

¿Cuál es la solución para librarnos del pecado? _____

¿La libertad es cuestión de vivir sin reglamentos o en responsabilidad? _____

La libertad humana puede significar *libre de... o libre para....* De tu propia experiencia y entendimiento de la libertad humana, ¿cuál te es más importante? Anota algunas cosas que la vida en Jesucristo te libera de o para.

LIBRE DE	LIBRE PARA
a. *preocupación sobre el futuro*	a. *vivir con gozo cada día*
b. _____	b. _____
c. _____	c. _____
d. _____	d. _____
e. _____	e. _____

Aplicación personal:
Al pecar, toda persona se hace culpable delante de Dios y está bajo la ira y el juicio divinos. Pero para entender bien y apreciar el gran regalo de la Salvación que Dios nos ha dado, es preciso entender la doctrina de pecado. (Aunque estas preguntas son de aplicación personal, los conceptos generales pueden ser discutidos en clase.)

a.   ¿Pienses en ti mismo como pecador ? ¿Qué significa para tí ser pecador?

b.   ¿En qué manera el pecado de Adán y Eva te hizo pecador?

c.   ¿Por qué el santo juicio de Dios están sobre los seres humanos que están fuera de Cristo y no sobre ti como creyente en Jesucristo?

d.   ¿Que debes hacer cuando caes en pecado?

EL PACTO

Según el párrafo 3.01, el pecado humano causa _____
Dios obra para restaurar a una relación de gracia a las personas apartadas de Él. Esta dádiva es grande
y eficaz, suficiente para todo aquel que la reciba. La fe humana es una respuesta a la iniciativa divina.
Anota algunas instancias en que Dios ha dado el primer paso en una relación con la humanidad. Las
referencias bíblicas de la sección 3.02 te ayudarán.

_____   _____

_____   _____

¿Qué inportancia tiene el hecho que la naturaleza de las relaciones humanas en el pacto sea la de una
familia?_____

En el párrafo 3.03 se utiliza la palabra "gracia" para describir nuestra relación con Dios. Abajo hay otra
palabra que describe la relación de gracia. Anota otras utilizando las referencias bíblicas de la sección.

    a. __perdón_____   c. _____

    b. _____   d. _____

Los párrafos 3.04, 3.05 y 3.06 ofrecen un contraste entre la relación de pacto antes y después de
Jesucristo. Utilizando los espacios abajo, anota las diferencias en los pactos de gracia. (Ver ejemplos.)

Antes de Cristo	Después de Cristo
la circuncisión	*el bautismo*

¿Cómo se relaciona el nuevo pacto con la seguridad de la salvación de los creyentes? _____
_____

Aplicación personal:
¿Sientes que Dios tomó la iniciativa en establecer una relación contigo?
¿Por qué? ¿Cómo sabes? Anota tus pensamientos aquí._____
_____
_____
_____

CRISTO NUESTRO SALVADOR

Confesión de Fe 3.07 - 3.11

Cristo, quien era uno con Dios y era Dios desde la eternidad (Juan 1:1) se hizo carne y habitó entre nosotros (Juan 1:14) -- así Jesucristo es verdadero Dios y verdadero hombre.

¿Tienes problemas en aceptar completamente la humanidad y la divinidad de Jesucristo? ¿Cuál concepto te da más problemas? ¿Por qué crees que te es difícil? _____

El hecho que "Jesucristo fue verdaderamente humano" implica _____
_____

Escribe algunos de los diferentes contrastes entre

Jesucristo-Dios	y	Jesucristo-hombre
Él ofrece descanso		*Él padeció cansancio*
Él es el Pan de Vida		*Él tuvo hambre*
_____		_____
_____		_____
_____		_____

Lee el Credo del los Apóstoles en el **Documento 4**; parece que falta información entre "nació de la Virgen María" y "padeció bajo Poncio Pilato". Si tuvieras que completar esa parte faltante, ¿qué escribirías?

"...nació de la Virgen María, _____
_____
_____
_____ padeció bajo Poncio Pilato, fue crucificado, muerto, y enterrado."

Aplicación personal:

En el párrafo 3.08 se destaca que la seguridad de salvación se da por la experiencia y relación con Cristo y que depende de tres aspectos:
1. **comprender** que la salvación es completa;
2. **confirmarlo** a través del testimonio personal (bautismo); y
3. **aceptar** por fe las promesas bíblicas de salvación.

¿Qué obtuvo Cristo por medio de su muerte en la cruz para ti? Explica. _____
_____

📖 DOCUMENTO 4.

EL ESPÍRITU SANTO

Confesión de Fe 4.01 - 4.04

La *Confesión de Fe* (4.01) afirma que Dios obró en Jesucristo para redimir los pecados del mundo y que la presencia del Espíritu Santo debe ser percibida como un acontecimiento esencial para la continuación de esta obra y propósito de Dios hoy. Con la información en el párrafo 4.02 anota por lo menos tres maneras en que el Espíritu Santo obra para cumplir este propósito divino.

1. _____

2. _____

3. _____

El punto 4.03 afirma que el Espíritu Santo es imprescindible en cuanto a la fe salvadora; ¿por qué es tan importante entender esta relación entre la fe y el obrar del Espíritu Santo? _____

_____

En Juan 16:7-11 el Señor anuncia su próxima partida y la promesa de un Consolador/Acompañante permanente para los creyentes en este mundo. ¿Cómo reaccionaron sus discípulos? ¿Cuál hubiera sido tu reacción ante ese anuncio? _____

_____

Este mismo pasaje de la Palabra revela que el Espíritu de Dios tiene un ministerio importantísimo frente al mundo. ¿Cómo ilumina a las personas incrédulas para recibir a Cristo? (Completa las declaraciones con las frases abajo.)

1. Hace entender que el único obstáculo entre la persona y su salvación es _____

_____

2. Se le revela lo que concierne a _____

3. Se le revela que el príncipe de este mundo _____

_____

| la justicia de Dios | la incredulidad en Cristo como Salvador personal | ha sido juzgado en la cruz y ya no tiene poder sobre el ser humano |

Aplicación personal:

A la luz de los siguientes versículos, ¿cuál debe ser tu respuesta frente al Espíritu Santo?

Efesios 5:18-20 _____

Romanos 8:13 _____

Romanos 8:14 _____

ARREPENTIMIENTO Y CONFESIÓN

Confesión de Fe 4.05 - 4.07.

Lee los párrafos 4.05 al 4.07 de la *Confesión de Fe* y también el Salmo 51.

¿Según el Salmo, quién fue el ofendido? _____

¿Quién cometió la ofensa? _____

¿Qué logró que el salmista se arrepentiera? _____

¿Crees que este Salmo es una expresión verdadera de tristeza y arrepentimiento? Explica. _____
_____

El arrepentimiento para perdón y salvación es una actitud hacia _____

Entonces ¿quién toma el primer paso en este arrepentimiento? (4.07) _____

¿El arrepentimiento en sí merece la salvación? _____

¿Es necesario para la salvación? _____

El párrafo 4.07 anota la necesidad de hacer confesión honesta de pecados.

   ¿A quién nos confesamos? _____

   ¿Sólo a Él? ¿En qué circunstancias podría ser necesario confesar nuestra falta ante otra persona?
   _____
   _____

Además de hacer confesión honesta de pecados, la persona arrepentida debe buscar reparar el pasado en la medida que sea posible. (4.07) ¿Qué implicación tiene esto en la vida diaria? _____
_____
_____

Aplicación personal:

Empieza la parte confesional de tu devocional diario con un himno o coro favorito sobre el arrepentimiento. Si no tienes un favorito, busca uno en un himnario o corario de tu iglesia y utilízalo durante una semana. ¿Te parece que añade algo a tu devocional?

NUESTRA SALVACIÓN

Confesión de Fe 4.08 - 4.29

Los párrafos de nuestro estudio hoy utilizan varios términos relacionados con nuestra salvación. Usando la información en los párrafos leídos, coloca la letra de cada palabra o frase abajo frente a su definición.

a) **fe salvadora**   b) **justificación**

c) **regeneración**   d) **adopción**

e) **santificación**   f) **crecer en gracia**

g) **preservación de los creyentes**   h) **la seguridad cristiana**

_____ 1. Una respuesta a Dios, motivada por el Espíritu Santo, en la cual las personas se aferran solamente a la gracia de Dios en Jesucristo para su salvación.

_____ 2. La aceptación amorosa por Dios de personas que son creyentes y reconciliadas con Dios por la vida, muerte y resurrección de Jesucristo.

_____ 3. La renovación que obra Dios en los creyentes quienes por gracia divina son renovados en espíritu y hechos personas nuevas en el Señor.

_____ 4. la acción de Dios para incluir en la familia del pacto a todos los que son regenerados y hechos nuevos en Cristo.

_____ 5. la obra de Dios que aparta a los creyentes como Sus siervos en este mundo.

_____ 6. resultado de la continua participación en el pacto de la gracia, de vivir en la comunidad del pacto y de servir a Dios en el mundo.

_____ 7. el continuar de la relación de pacto por Dios aun cuando los creyentes pequen.

_____ 8. basada en las promesas divinas, es la percepción de paz con Dios y el testimonio del Espíritu Santo para con los espíritus de los creyentes de ser verdaderamente hijos de Dios.

Aplicación personal:

Escoge uno de estos términos para estudio personal. Lee todas las referencias bíblicas dadas en esa sección y procure aplicar lo aprendido a tu vida y crecimiento espiritual. Cuando crees haber entendido y asimilado el término, puedes proceder en manera similar con otro.

LA IGLESIA Y LA COMUNIÓN CRISTIANA

Confesión de Fe 5.01 - 5.11

1. Según 1 Corintios 12:12-27, la Iglesia es _____

2. ¿Por qué es la Iglesia una unidad (5.02)? _____
   _____

3. ¿Cómo es la Iglesia santa? ¿En qué descansa su santidad? _____
   _____

4. ¿Por qué es importante que la Iglesia sea universal? _____
   _____

5. Cuando afirmamos que la Iglesia es apostólica, ¿qué quiere decir? _____
   _____

6. La Iglesia universal como comunidad pactada de creyentes incluye _____
   _____

7. ¿Quiénes forman la Iglesia en el mundo? _____
   _____

8. Según el párrafo 5.09 el propósito de la Iglesia es _____
   _____

Aplicación personal:

El párrafo 5.10 describe a la Iglesia como una comunión cuando los Cristianos

> *"comparten la gracia de Cristo unos con otros, sobrellevan los unos
> las cargas de los otros, y llegan a las demás personas."*

Analiza y comenta en clase.

¿Cómo se cumplen estas actividades en tu congregación local? ¿Es la iglesia más fuerte en un área que en otra? En tu vida personal como miembro de esta congregación ¿sientes que participas en todas estas actividades?

Compartir la gracia de Cristo unos con otros.	Sobrellevar los unos las cargas de los otros.	Llegar a las demás personas.

LA ADORACIÓN CRISTIANA

Confesión de Fe 5.12 - 5.15

1 Pedro 2:9 afirma que todo creyente es real sacerdote, y como tal debe adorar, no por simples circunstancias y formas exteriores, sino en verdadera oración y alabanza, es decir -- en espíritu y verdad (Juan 4:23-24).

1. El propósito de la adoración cristiana es _____
    _____

2. Siendo que la adoración se desarrolla en dos sentidos, durante la adoración
    Dios a) _____ y
          b) _____
    mientras los creyentes _____
    _____

3. Entre otros elementos, la adoración Cristiana incluye: (apunta cuatro de los seis anotados)
    a) _____   c) _____
    b) _____   d) _____

Hay diferencias entre la adoración privada y en comunidad. Anota algunas.

	adoración privada	adoración en comunidad
forma	_____	_____
propósito	_____	_____
beneficios	_____	_____

La iglesia reformada tiene dos ritos importantes que denomina *sacramentos* u *ordenanzas*.

1. ¿Cuáles son los sacramentos/ordenanzas del Nuevo Testamento? _____
    _____

2. ¿Por qué se llaman ordenanzas? _____
    _____

3. ¿Por qué tenemos sólo dos? _____
    _____

Aplicación personal:

En el **Documento 5** encontrarás un formato para fotocopiar que te ayudará a analizar el culto dominical en tu iglesia durante cuatro domingos consecutivos. Utilízalo para discutir los resultados al final del curso.

📖 DOCUMENTO 5.

EL BAUTISMO

Confesión de Fe 5.18 a 5.22

El bautismo Cristiano comienza con la gran comisión que da Cristo a sus discípulos en Mateo 28:19.

¿En qué consiste esta comisión? _____

¿En qué forma cumplimos esta comisión? _____

Completa las frases.

1. La persona autorizada para administrar el bautismo es _____
2. El elemento usado en el bautismo es _____
3. Este elemento simboliza _____
4. El bautismo es signo externo de_____
5. Según Hechos 22:16 el bautismo simboliza _____
6. Según Romanos 6:3-5 el bautismo simboliza _____

¿Cómo es el bautismo al mismo tiempo un privilegio y un deber? _____
_____

¿Es el rito del bautismo indispensable para la salvación? _____ ¿Cómo sabes?_____
_____

¿El método de bautismo afecta la salvación? _____ Entonces, ¿por qué bautizamos en una u otra forma? _____
_____

Lee el **Documento 6** como guía sobre este punto.

La Confesión de Fe afirma que es correcto administrar el bautismo a niños cuando uno o ambos de los padres o guardianes afirman su fe en Jesucristo y se responsabilizan de cumplir con el pacto. Lee el **Documento 7** y analiza la práctica de tu congregación en este respecto anotando razones de esa práctica._____
_____
_____

Aplicación personal:

¿Cuántas maneras de bautizar conoces? ¿Cuáles has visto? Piensa en las diferencias que encontraste en cada ocasión y en las similitudes. ¿Tienes claro tus conceptos sobre el bautismo? ¿Sientes que puedes explicarlos a otra persona? Si no, debes volver a leer esta sección y discutir tus ideas con el grupo.

📖 DOCUMENTOS 6 y 7.

LA SANTA CENA

Confesión de Fe 5.23 - 5.27

En la Cena del Señor la Iglesia **recuerda** la pasión y muerte de Jesucristo en la cruz y **anuncia** Su regreso.

¿Cuál es el propósito de **recordar**? _____

¿Cómo **anuncia** la Cena del Señor? _____

Afirmamos que los elementos, pan y el fruto de la vid, **representan y no se transforman en** el cuerpo y sangre de Cristo. ¿Qué quiere decir esto? _____

_____

La *Confesión de Fe* también dice que estos elementos deben ser recibidos en reverencia, humildad y meditación, **reconociendo la grata presencia de Cristo.** ¿Cómo está presente Cristo en la Santa Cena?

_____

_____

_____. Comparte en clase sobre este punto.

¿Quiénes deben participar en la Santa Cena? _____

¿Cómo prepararse para participar? _____

¿Por qué cada congregación debe celebrar este sacramento con regularidad y por qué nos es necesario participar con frecuencia? _____

_____

_____

A la luz de esta sección de la *Confesión de Fe* y tu propia experiencia, ¿crees que el culto que comprende la Santa Cena en tu iglesia destaca la solemnidad del sacramento? Si no es así, ¿cómo podría modificarse para destacar el sacramento?

¿Añadir algo? _____

_____

¿Quitar algo? _____

_____

¿Cambiar algo? _____

_____

Aplicación personal:

¿Cuál es mi respuesta a este sacramento?

¿Cómo me preparo?

¿Qué puedo hacer para mejorar mi participación en este sacramento?

LA IGLESIA EN MISIÓN

Confesión de Fe 5.28 - 5.35

¿Cuál es la misión - el propósito - de la Iglesia según 5.29? _____

_____

¿Cómo se prepara la Iglesia para entrar en misión? Anota tres maneras (5.28)

    1. _____

    2. _____

    3. _____

Las personas que no han confesado a Jesucristo como Señor y Salvador están dentro de la incumbencia de la Iglesia con la esperanza de que llegarán al arrepentimiento y fe en Jesucristo como Salvador. En Juan 21:15 y 17 ¿qué significa que el Señor nos insista apacentar a los corderos y las ovejas? _____

_____

Los oficiales de la iglesia son: _____

Esos oficiales de la Iglesia tienen algunas responsabilidades específicas. ¿Cuáles son según el párrafo 5.33?

_____

_____

_____

¿Cuáles son los cuerpos representativos de la Iglesia? _____

_____

_____

_____

Las responsabilidades de estos cuerpos son: _____

_____

_____

_____

Aplicación personal:

Es natural para la Iglesia misionera compartir la Buena Nueva con otras personas. Siendo parte de la Iglesia, ¿cuál es tu entendimiento de esta Buena Nueva? Haz un resumen breve.

_____

_____

_____

_____

EL CRISTIANO EN EL MUNDO

Confesión de Fe 6.01 a 6.09

LA LIBERTAD CRISTIANA

Los párrafos de 6.01 a 6.05 hablan de la libertad cristiana arraigada en el amor de Dios y conferido por Jesucristo. Para esta lección sería bueno referirse a la página 12 de este estudio y repasar la sección que habla de **Libre de . . .** y **Libre para . . .**

Según la *Confesión de Fe* debemos ejercer la libertad que Dios nos da por medio de Jesucristo para:

1.   *llegar a* _____

2.   *dar* _____

3.   *servir a* _____ *y al* _____

La libertad cristiana incluye libertad de _____

en asuntos de _____ y _____ (6.02).

¿Esa libertad nos permite practicar el pecado? Explica a la luz de 1 Corintios 8:9 y 12 y Romanos 6:1-2.

_____

_____

¿Esta libertad nos exime de someternos a autoridad legal y justa, sea civil o eclesiástica?
¿Qué dice Romanos 3:1-2? _____

¿En cuanto a la Iglesia, cuál sería la consecuencia de desafiar una autoridad legal y justa? _____

_____

Entonces, ¿cuál es el verdadero propósito de la libertad cristiana según 1 Pedro 2:16? _____

_____

¿A quién debemos nuestra lealtad primaria? _____

LAS BUENAS OBRAS

Somos libres para testificar y hacer buenas obras. (Escoge la respuesta correcta para cada frase.)
La motivación de las buenas obras es _____ (6.07)
Las buenas obras son _____ (6.08)

ganas de lucir ante la gente	medios para salvación	respuesta de gratitud al amor divino	resultados de la salvación	el miedo a un castigo

Aplicación personal:

Si las buenas obras incluyen, además de servicio y actos de misericordia, las decisiones éticas y morales que hacemos, ¿qué implicación tiene esto para tu vida diaria a nivel social y comercial?

LA MAYORDOMÍA

Confesión de Fe 6.10 a 6.14

Busca en un buen diccionario la definición de *mayordomía* _____
_____

Dios nos da toda la vida en fideicomiso (Fideicomiso = algo confiado temporalmente a otra persona o entidad para su buen manejo) y la *Confesión de Fe* dice que los recursos de la tierra y el trabajo de manos y mentes humanas se deben compartir con los demás en gratitud. ¿En gratitud a quién? _____

La gratitud es el mejor y más alta de los motivos para dar de nuestra abundancia a Dios y a los demás, pero a veces surgen otros motivos, menos loables, como razones de dar. ¿Cuáles serían algunos ?
_____
_____

¿Cómo puede el diezmar ser un acto de adoración? _____
_____

¿Por qué es importante dar de manera regular y proporcional? _____
_____

¿Qué significa "diezmar"? _____
_____

Según Deuteronomio 14:22 ¿cuál es la intención del Señor para el uso del diezmo? _____
_____

¿Cuál es la promesa divina para los que traen su diezmo a la casa de Dios según Malaquías 3:10? _____
_____
_____

Anota dos diferencias entre el diezmo y la ofrenda.
    1. _____
    2. _____

APLICACIÓN PERSONAL

Si Dios es dueño de toda la creación y de todos los bienes, ¿qué significado tiene que te pide participar de los talentos y bienes que te ha concedido para Su obra?

EL MATRIMONIO Y LA FAMILIA

Confesión de Fe 6.15 a 6.22

1. Abajo hay descripciones de algunos tipo o modelos de familia comunes en la actualidad. Busca la letra del modelo correspondiente y anótala en el espacio. El **Documento 8** será de ayuda.

    _____ una familia que alberga familiares fuera de los padres con sus hijos, por ejemplo, cuñado(a)s, abuelo (a)s, tío(a)s.

    _____ una familia donde falta uno de los padres o donde los dos padres no comparten el mismo hogar.

    _____ una familia compuesta por los dos padres y sus hijos viviendo en un mismo hogar.

    _____ una familia donde uno o ambos miembros de la pareja ha tenido una unión anterior y por lo tanto conviven hijos de esa(s) unión(es) en el nuevo hogar en compañía tal vez de hijos comunes. Puede ser que los hijos también estén repartidos con sus dos padres, comparten parte de su tiempo con uno o el otro padre, o viven con otros parientes como los abuelos.

    A. familia fraccionada   **B. familia extendida**   **C. familia conjunta**   **D. familia nuclear**

2. ¿Cuál es la responsabilidad de la Iglesia frente a las personas que proyectan unirse en matrimonio?
    _____

3. Analiza tu posición frente al divorcio y la posibilidad de un nuevo enlace a la luz de Mateo 19:5-9 y 1 Corintios 7:15. ¿En esta situación (divorcio) qué papel juegan la compasión y la comprensión?
    _____
    _____

4. Describe las responsabilidades de la iglesia cuando ocurre una crisis en la familia y en las vidas de las personas. _____
    _____

Aplicación personal:

Analiza por lo menos dos programas populares de la televisión que muestran varias clases de estructura familiar anotando la estructura familiar que muestran. ¿Crees que dan ejemplo de una vida familiar sana?

programa	tipo de familia
_____	_____
_____	_____

📖 DOCUMENTO 8.

REGLAMENTOS ECLESIÁSTICOS Y CIVILES
Párrafos 6.23 a 6.32 y Mateo 12:1-4.

EL DÍA DEL SEÑOR
¿Por qué es importante para el ser humano dedicar un día al Señor? _____
_____

¿Por qué la mayoría de la Cristiandad ha elegido observar el domingo y no el sábado como día del Señor.
_____

JURAMENTOS LEGALES Y VOTOS
En cuanto a los juramentos legales y votos, parece que Jesucristo ha indicado que la veracidad de nuestras declaraciones es el principio importante y que los juramentos y votos no son necesarios. Sin embargo, los gobiernos con frecuencia obligan a juramentos en ciertas circunstancias. ¿Cuáles son algunas situaciones en que es obligatorio a un juramento legal? _____
_____

¿Crees que un Cristiano puede legítimamente jurar en estas ocasiones? Explica tu posición. _____

EL GOBIERNO CIVIL
Según el párrafo 6.27, ¿cuál es el propósito del gobierno civil? _____
_____

Según el párrafo 6.28, ¿cuál es el propósito de ocupar un cargo público? _____
_____

El párrafo 6.29 trata de la separación del estado y la iglesia. ¿Cuáles son algunas dificultades en esta área?
_____

Según los párrafos 6.30-6.32, ¿cuál es la respuesta apropiada del Cristiano ante las leyes injustas?
_____

¿Cómo decide uno que una ley es injusta? _____

¿Conoces algunos ejemplos de la historia cuando personas han desobedecido una ley civil por causa de la ley de Dios? _____

¿Conoces alguna instancia cuando Jesucristo violó la ley de su época. ¿Por qué actuó así? _____
_____

Aplicación personal:
Examina tu posición frente a la participación de los Cristianos individuales en la política y frente a la participación de las iglesias como instituciones.

DIOS CONSUMA TODA LA VIDA Y LA HISTORIA

Párrafos 7.01 a 7.04.

Los párrafos sobre la muerte y resurrección afirman que para el Cristiano la muerte física no es el fin de la vida; que más allá de la muerte hay vida eterna en la presencia de Dios. En la iglesia cantamos de la muerte y la resurrección. Busca en el himnario o corario unos cánticos que tratan este tema.

1. _____

2. _____

Después de la muerte, ¿cuál es la esperanza de los que han sido regenerados en Cristo? _____
_____

¿En qué se asemeja la regeneración que experimenta la persona que llega a Cristo en esta vida a la resurrección de la muerte en la vida eterna? _____
_____
_____

Los creyentes - salvados, justificados, regenerados en Cristo ¿serán sometidos a juicio después de la muerte? _____   ¿Por qué? _____
_____

¿Cómo se manifiestan los juicios de Dios tanto en el pasado como en el futuro (7.05)? _____
_____
_____

¿Qué pasará con las personas que rechazan la salvación de Dios en Jesucristo? _____
_____

¿Cuál es la esperanza del creyente en la consumación de la historia? _____
_____
_____

Aplicación personal:

Agradece a Dios por haberte permitido participar en este estudio. Anota dos o tres sugerencias para mejorar el material, bien sea quitando algo o adicionando algo, o cambiando la presentación o énfasis. Entrega tus sugerencias por escrito al maestro(a) de esta clase.

EL RESTO DEL LIBRO

Además de la *Confesión de Fe,* el libro contiene otros cuatro documentos. Vale la pena leer cada sección.

LA CONSTITUCIÓN

LAS REGLAS DE DISCIPLINA

MANUAL DE ADORACIÓN

REGLAS DEL ORDEN

DOCUMENTOS

1 - CONSIDERACIONES SOBRE LA *CONFESIÓN DE FE*

En esencia una *Confesión de Fe* es una **declaración** de lo que la denominación cree.

> **Declaración:** del verbo **declarar**; significa revelar descubrir, divulgar, esclarecer, testificar, testimoniar, explicar, manifestar lo que está oculto o no se entiende.

Una denominación formula una confesión o declaración de fe porque a través de ella **pone en evidencia** la esencia de su doctrina, es decir, sobre qué descansa su fe y su enseñanza. Si es una iglesia Cristiana esta fe descansa en la Palabra de Dios revelada a través de Jesucristo. De no ser así, su declaración de fe divulgará que la esencia de su fe es errada, es una herejía, y su enseñanza es contraria a las Escrituras. Como tal la declaración de fe es la encargada de **testificar** si la iglesia se fundamenta en la verdad o en la mentira. Una denominación necesita su declaración de fe porque desafortunadamente muchas veces se ha tergiversado la verdadera esencia y significado de la enseñanza bíblica. La declaración de fe, formulada y examinada, ayuda a evitar el engaño, la intromisión en la Iglesia de falsas doctrinas y herejías. Así contrarresta el ataque de Satanás de una equivocada interpretación de las Escrituras pomovido por alguno de sus falsos maestros.

Una declaración de fe **descubre** - saca a la luz; manifiesta el porqué de la iglesia - cómo se fundó, qué hace y para dónde va.

Una declaración de fe es la encargada de **explicar** la diferencia entre una denominación (en este caso la Presbiteriana Cumberland), otros movimientos Cristianos y otras sectas, religiones, etc. Ella es como la directriz a través de la cual se predica, enseña y divulga la Palabra de Dios..

La declaración de fe debe **confirmar** o **testificar** en el caso de una iglesia cristiana que esta fe es en Jesucristo como Hijo de Dios y no en otro, y que la enseñanza de su fe es la enseñanza del evangelio de Jesucristo.

El propósito de la *Confesión de Fe* de la Iglesia Presbiteriana Cumberland es doble:
1. Proveer un medio por el cual las personas que han sido salvas, redimidas y reconciliadas con Dios por Jesucristo en el poder del Espíritu Santo entiendan y afirmen su fe.
2. Dar testimonio de las obras salvadoras de Dios de tal manera que los que no han sido salvos, redimidos y reconciliados pueden creer en Jesucristo como Señor y Salvador y experimentar su salvación.

Nuestra *Confesión de Fe* declara que la Palabra de Dios hablada en y por las Sagradas Escrituras debe ser comprendida a la luz del nacimiento, vida, muerte y resurrección de Jesucristo. Invita a las personas a relacionarse con Dios en el pacto de gracia: "de gracia recibisteis, dad de gracia."

2 - LOS ATRIBUTOS DIVINOS

Un **atributo divino** es algo que se conoce de la naturaleza de Dios: una característica revelada que podemos entender y comunicar en nuestro lenguaje. Conocer de la naturaleza de Dios - cómo El es - nos permite saber cómo El actúa frente a nosotros y a todo el resto de la creación; y además permite saber cómo debemos responder a Él.

Además de los atributos mencionados en el párrafo 1.01 de la *Confesión de Fe*, hay muchos otros revelados a lo largo de la Palabra de Dios. La teología tiene varias maneras de enumerar o clasificar estos atributos para entenderlos mejor. Una manera de clasificarlos sería como **incomunicables** y **comunicables**.

- Los atributos incomunicables son los que sólo Dios tiene.
- Los comunicables son atributos que pueden caracterizar también a la humanidad como reflejo de las virtudes de Dios: por ser creados en la imagen de Dios compartimos, aunque de manera débil e imperfecta, algunos de Sus atributos.

Algunos atributos **incomunicables** son:

eterno - no tuvo principio ni tendrá fin; siempre existe;

independencia (aseidad) - existe por Si Mismo - no fue creado;

inmutabilidad - nunca cambia;

infinidad - Dios, y todos Sus atributos son inmensurables e incontables;

perfección - Dios y cada uno de Sus atributos se llevan al extremo de la entera perfección;

simplicidad - no es compuesto; no puede ser dividido; es UNO: como consecuencia implica

singularidad - no puede ser repartido entre muchos seres;

omnisciente - Él sabe todo en todo momento;

omnipotente - Él es todopoderoso.

Algunos atributos **comunicables** son:

amor (El es todo amor; nosotros luchamos por relacionarnos en amor.);

bondad (gracia);

misericordia ;

justicia;

paciencia;

creatividad;

verdad;

santidad;

perdón.

Al leer la Palabra de Dios es importante reconocer los atributos divinos allí revelados y estar pendientes de lo que dice la Palabra sobre nuestra respuesta hacia El.

3 - LA LEY MORAL EN LA HISTORIA Y DOCTRINA
DE LA IGLESIA PRESBITERIANA CUMBERLAND
por Rev. Lynn L. Thomas

Por el principio de los años 1800 existía un concepto Calvinista que todo ser humano nace totalmente perdido sin ninguna posibilidad de salvación. Como consecuencia de este concepto, el Calvinista extremo no creía en el evangelismo por cuanto sostenía que la humanidad está tan perdida que no puede ni entender ni responder al mensaje de salvación; que los corazones de los que no son salvos (y no escogidos para salvación) son tan oscurecidos que ni se dan cuenta de su pecado. Por eso el Calvinista de esa época afirmaba que la única manera en que la persona pudiera ser salva es que Dios la escoge para salvación y entra en su vida.

Los Presbiterianos Cumberland de principios de 1800 creían que cualquiera que deseaba la salvación pudiera ser salvo. Creían que el corazón de la persona no entregada a Cristo era oscurecido pero no totalmente -- que el ser humano puede entender y responder al mensaje de salvación. Afirmaba que todo ser humano nace con una chispita en su corazón - una "Ley Moral", y que esta pequeña chispa permite darse cuenta de su estado pecaminoso y comprender la necesidad de buscar a Dios. Hay suficiente luz en el corazón del ser humano para permitirle entregarse a Cristo y ser salvo. La "Ley Moral" es esa pequeña luz interior que todo ser humano posee y que le permite comprender su necesidad de salvación. Dios ha dado a todos la capacidad de reconocer su estado de pecado y necesidad, y por eso se puede predicar el evangelio a todo el mundo.

La "Ley Moral" es un concepto teológico que enfatiza la importancia de la evangelización. Mientras el Calvinista del siglo 19 afirmaba que era pérdida de tiempo evangelizar porque los que no han de ser salvos no pueden ni reconocer su estado de pecado y necesidad por tener el corazón totalmente oscurecido, el Presbiteriano Cumberland afirmaba que todos los seres humanos tienen la capacidad (la Ley Moral en su corazón) de entender que son pecadores en necesidad de salvación. La "Ley Moral" se ha colocado en el corazón de cada uno para que todos pudieran arrepentirse y volver a Dios; en consecuencia la Iglesia debe proclamar el mensaje del evangelio a todo el mundo.

(El Rev. Lynn L. Thomas, ha servido como misionero en Colombia, como Coordinador del Ministerio Trans-Cultural en los Estados Unidos de América, y como Director de Misiones Internacionales de la Iglesia Presbiteriana Cumberland.)

4 - EL CREDO DE LOS APÓSTOLES

I Corintios 8:6	**Creo en DIOS PADRE todopoderoso, Creador del cielo y de la tierra,**
Juan 3:16	**y en JESUCRISTO, SU ÚNICO HIJO**
Filipenses 2:11	**Señor nuestro;**
Lucas 1:30-36	**que fue concebido por el Espíritu Santo, nació de la virgen María,**
Lucas 23:1-56	**padeció bajo el poder de Poncio Pilato; fue crucificado, muerto, y sepultado;**
I Pedro 3:18-22	**descendió al lugar de los muertos, Al tercer día resucitó de entre los muertos; subió al cielo,**
Efesios 1:20	**Y está sentado a la diestra de Dios, Padre todopoderoso;**
I Tes 4:16/I Pedro 4:5	**de donde vendrá a juzgar a los vivos y a los muertos.**
Hechos 2:1-4	**Creo en el ESPÍRITU SANTO,**
Mateo 28:19	**la santa iglesia universal,**
Apocalipsis 7:9-10	**la comunión de los santos,**
Lucas 24:47	**el perdón de los pecados,**
I Corintios 15:1-5, 51-57	**la resurrección del cuerpo,**
Juan 3:16	**Y la vida eterna.**
	AMÉN.

5 - ANÁLISIS DEL CULTO EN MI IGLESIA

Abajo hay una lista de fuentes del culto sugerida por el *Manual de Adoración* (parte de la *Confesión de Fe*). También hay un cuadro con elementos del culto tomada del mismo *Manual*. Analiza el culto dominical de tu iglesia durante cuatro semanas anotando abajo los elementos presentes y las fuentes en que se presentan. Pon atención especial al contenido de la música.

FUENTES
1) Sagradas Escrituras   2) Oración
3) Música (cantos e himnos)   4) Sermón
5) Reafirmación de Fe a través de Credos

FECHA	ELEMENTOS	SI	FUENTE(S)
_____	Alabanza a Dios	_____	_____
	Confesión de pecado	_____	_____
	Proclamación del evangelio	_____	_____
	Afirmación de fe	_____	_____
	Compromiso y comisión	_____	_____
	Ofrendas	_____	_____
	otro _____		_____
_____	Alabanza a Dios	_____	_____
	Confesión de pecado	_____	_____
	Proclamación del evangelio	_____	_____
	Afirmación de fe	_____	_____
	Compromiso y comisión	_____	_____
	Ofrendas	_____	_____
	otro _____		_____
_____	Alabanza a Dios	_____	_____
	Confesión de pecado	_____	_____
	Proclamación del evangelio	_____	_____
	Afirmación de fe	_____	_____
	Compromiso y comisión	_____	_____
	Ofrendas	_____	_____
	otro _____		_____
_____	Alabanza a Dios	_____	_____
	Confesión de pecado	_____	_____
	Proclamación del evangelio	_____	_____
	Afirmación de fe	_____	_____
	Compromiso y comisión	_____	_____
	Ofrendas	_____	_____
	otro _____		_____

6 - EL BAUTISMO: ASPERSIÓN O INMERSIÓN
por Rev. Dan Gross

Nuestra práctica del bautismo sigue despertando inquietud e inconformidad en algunas personas en nuestras iglesias, a pesar de que nuestra Confesión de Fe en su artículo 5.21 dice, "Al administrar el bautismo el asperjar o arrojar agua sobre la persona por el ministro simboliza apropiadamente el bautismo del Espíritu Santo; sin embargo, la validez del sacramento no depende del modo de su administración." En otras palabras, la Iglesia Presbiteriana Cumberland cree que la aspersión es un modo adecuado para el bautismo, pero no es el único modo adecuado.

Básicamente existen tres modos del bautismo: inmersión, afusión y aspersión. Cuando el bautismo es por inmersión, la persona es sumergida completamente en el agua. Cuando se trata de afusión, el agua es arrojada sobre la persona. Y en la aspersión, el agua es asperjada sobre la cabeza.

En cuanto a los defensores del modo del bautismo existen dos clases. Los de la primera clase argumentan que el único modo válido del bautismo es la inmersión y cualquier otro modo es inválido o inferior a este. Los de la segunda clase, en la que se encuentra nuestra iglesia, dicen que el modo es secundario al significado del bautismo y su validez.

Los defensores de la inmersión como único modo válido del bautismo tradicionalmente han recurrido a tres clases de argumentos para sustentar su posición: argumentos bíblicos, argumentos teológicos y argumentos históricos. Vale la pena analizar sus argumentos en cada área.

El principal argumento bíblico tiene que ver con la palabra "bautizar." Argumentan que la palabra bautizar en el griego (*baptizein*) significa sumergir, y por lo tanto, cuando la Biblia habla de bautizar está hablando necesariamente de la inmersión. Es cierto que la palabra griega *baptizein* significaba sumergir en su uso clásico, pero en su uso bíblico su significado es más bien "lavar" o "purificar con agua," y hay contextos en el Nuevo Testamento donde es imposible que signifique sumergir (Lucas 11:38; Hechos 1:5; 1 Corintios 10:1-2; Hebreos 9:10-23). Otro texto bíblico que ha sido usado para defender el uso exclusivo de la inmersión es Hechos 8:38-39. El texto dice que Felipe y el etíope descendieron al agua y después del bautismo subieron del agua. Algunos argumentan que este texto es un ejemplo claro del bautismo por inmersión, pues dice que descendieron al agua y subieron del agua. Pero los verbos "descender" y 'subir" refieren a los dos, Felipe y el etíope, de tal forma que si es una prueba del bautismo por inmersión tendríamos que deducir que Felipe también fue sumergido en este acto de bautismo; pero sabemos que él que administra el bautismo por inmersión no se sumerge también. Así que este texto no puede usarse como prueba del bautismo por aspersión. Más bien, está hablando de bajar hasta donde se encontraba el agua y subir de nuevo hasta donde estaban antes. El texto no dice absolutamente nada acerca de qué hicieron una vez estaban en el agua. No sabemos si Felipe sumergió al etíope o arrojó agua encima de él, o sólo asperjó agua en su cabeza. El texto no da ninguna luz sobre el modo del bautismo usado.

Los defensores de la inmersión como modo único del bautismo dicen que el bautismo significa unión con Cristo en su sepultura y resurrección (Romanos 6:4; Colosenses 2:12), y que sólo la inmersión expresa adecuadamente este significado teológico. Sin duda, el bautismo representa nuestra unión con Cristo en su sepultura y resurrección, pero no se limita a esto. También representa nuestra unión con Cristo en su crucifixión (Romanos 6:6), nuestro revestimiento de Cristo (Gálatas 3:27), el perdón de pecados (Hechos 2:38), y el bautismo en el Espíritu Santo (Hechos 10:47), entre otros. En este contexto más amplio, la inmersión no es mejor símbolo del significado teológico del bautismo que los otros modos. De hecho, ningún modo en sí representa todos los aspectos del simbolismo y significado del bautismo.

En cuanto al argumento histórico, los defensores de la inmersión como modo único del bautismo argumentan que la inmersión fue el modo usado en la iglesia primitiva, y por lo tanto, debe ser el modo usado en la iglesia hoy. Es cierto que la inmersión fue el modo más común en la iglesia primitiva, pero no fue el único modo usado. El *Didaque*, escrito a finales del primer siglo, indica que también se aceptaban la afusión y la aspersión, y las primeras obras artísticas del bautismo presentan el modo de afusión. Así que, tampoco los argumentos históricos sustentan la posición de los defensores de la inmersión como único modo válido del bautismo.

Dado que ni los argumento bíblicos y ni los argumentos teológicos ni los argumentos históricos apoyan la idea que la inmersión es el mejor, y mucho menos el único modo válido del bautismo, ¿cómo debemos decidir qué modo usar? Hay otra clase de argumentos que todavía no hemos considerado: los argumentos prácticos. En la práctica, ¿cuál modo es mejor? El Directorio de Cultos de la Iglesia Presbiteriana Cumberland (la cuarta sección del libro que llamamos La Confesión de Fe) dice: "El bautismo es un acto de adoración de parte de toda la iglesia. Entonces, debe ser administrado ordinariamente en el contexto del culto de adoración en la iglesia" (p. 83).

Los participantes en el bautismo no son sólo el pastor y la persona que se bautiza. Toda la iglesia participa en el bautismo. No es un acto aislado, sino que forma parte de la vida normal de la iglesia. Por lo tanto, su realización debe ser en el contexto normal de la iglesia. En nuestras iglesias donde no tenemos bautisterio, bautizar por inmersión implica salir del contexto normal de la iglesia y separar el bautismo de la vida de adoración de la iglesia. El bautismo por aspersión no tiene este limitante dado que fácilmente puede ser realizado en el contexto normal de la iglesia dentro de un culto de adoración.

En medio del silencio de los argumentos bíblicos, teológicos e históricos, este argumento práctico asume bastante importancia.

(El Rev. Dan Gross sirvió como misionero en Colombia.)

7 - EL BAUTISMO DE NIÑOS EN LA IGLESIA PRESBITERIANA CUMBERLAND
por Rev. Dan Gross

Uno de los temas más controvertidos para la Iglesia Presbiteriana Cumberland en Colombia es el bautismo de niños. El artículo 5.19 de la Confesión de Fe dice: "El sacramento del bautismo se administra correctamente a los niños cuando uno o ambos padres o guardianes afirman su fe en Jesucristo y se compromete con las responsabilidades del pacto." Y el 5.22 añade: "El privilegio y el deber de todo creyente es buscar el bautismo para sí mismo y para sus niños. . ."

Por nuestra doctrina en cuanto al bautismo de niños algunos acusan a la Iglesia Presbiteriana Cumberland de ser más católica que evangélica. Nada podría ser más lejos de la verdad. Nuestras razones para el bautismo de niños no tienen absolutamente nada que ver con las razones dadas en la Iglesia Católica Romana. La Iglesia Católica cree que el bautismo confiere gracia necesaria para la salvación a la persona que lo recibe. Por lo tanto, bautizan a los niños porque creen que no pueden gozar de la salvación plena sin ello. Nosotros no creemos tal cosa. En la Iglesia Presbiteriana Cumberland sabemos que la salvación es sólo por fe en Jesucristo.

Entonces, ¿por que practicamos el bautismo de niños? La respuesta también se encuentra en nuestra Confesión de Fe. El artículo 5.16 dice: "Los sacramentos son signos y testimonios del pacto de gracia de Dios. La circuncisión y la pascua son los sacramentos del Antiguo Testamento; el bautismo y la Cena del Señor son los sacramentos del Nuevo Testamento." En nuestro sistema doctrinal los sacramentos de bautismo y la Cena del Señor se entienden dentro del contexto del Pacto de Dios. La Biblia es la historia del establecimiento del Pacto de Dios con su pueblo. Este pacto siempre ha sido de gracia, pero para ayudarnos a visualizar y entender mejor el pacto Dios nos ha dado unos signos y sellos. Estos signos y sellos se llaman sacramentos.

El argumento evangélico para el bautismo de niños es sencillo. Los hijos de los creyentes son herederos del pacto de gracia y forman parte de la comunidad del pacto. El bautismo es el signo y testimonio de esta realidad. Cuando bautizamos a un niño, hijo de creyentes, damos testimonio de que este niño pertenece al pueblo de Dios y es un heredero del pacto de gracia junto a los padres.

Tal vez una analogía de la vida diaria ayudará a entender esta verdad. Cuando un niño nace los padres le dan sus apellidos. En este acto están diciendo que el niño forma parte de su familia y es su heredero. ¿Quiere decir esto que el niño siempre se encontrará en esta posición favorecida? No necesariamente. Cuando el niño crece él puede tomar la decisión de negar sus derechos como miembro de la familia. Puede cambiar su nombre, romper el contacto con sus padres y perder su herencia. Pero por temor a que esto suceda los padres no esperan hasta que el niño tenga la capacidad para decidir por sí mismo. No, le dan su nombre cuando nace, en fe de que él siga en la familia cuando esté grande.

El bautismo de niños es así. Cuando bautizamos al hijo de un creyente le damos el signo y sello que le corresponde como miembro de la familia de Dios, y lo hacemos en fe y con la esperanza de que él siga en este camino aun cuando esté grande.

8 - CONSIDERACIONES SOBRE LA FAMILIA

El diccionario define la familia como un grupo de personas emparentadas entre sí que viven juntas bajo la autoridad de una de ellas. La sociología define una familia como todas las personas que viven en un mismo sitio y comen de la misma olla.

La sociedad ha establecido el matrimonio como base de la familia como un medio de canalizar el instinto sexual en formas socialmente aceptables para evitar caos y exceso de violencia, y para proveer para la procreación, protección, y crianza de hijos. Además, la familia proporciona la asociación requerida por el instinto social del ser humano: es decir, la compañía que sentimos necesitar como seres sociales. El matrimonio y la familia forman una institución social común a toda la humanidad. Sin embargo, existe variedad de formas de matrimonio según la época y la cultura.

En una época anterior, primaba la familia consanguínea extendida formada por los hijos con sus cónyuges, hijos, y sirvientes bajo la autoridad de uno de los padres (patriarcal o matriarcal). Esta familia se extendía para formar clanes y tribus. Esta forma de familia persiste hoy en la **familia extendida** donde padres, hijos, y nietos comparten una sola vivienda. Es más, cuando agrupa también hermanos, tíos, sobrinos, etc. se puede denominar **familia consanguínea o agregada.**

Posteriormente en tiempos modernos y en algunas naciones la forma más común de la familia vino a ser la **familia nuclear** compuesta por sólo los padres y sus hijos viviendo como una unidad sin la presencia de otros parientes.

Sin embargo, debido a factores sociales y culturales como la maternidad de mujeres solteras, el exceso de violencia que aumenta el número de muertes, y con el aumento de la taza de deserciones y divorcios, hoy en día es muy común la **familia de un solo padre o familia fraccionada** -- un padre o una madre que cría sus hijos sin la presencia del cónyuge.

Otra forma que cobra importancia en estos momentos es la **familia conjunta o reconstruida** donde se encuentra una familia aparentemente nuclear pero formada por un matrimonio con hijos del padre, hijos de la madre, y posiblemente hijos de la pareja (o cualquier permutación de ésta).

La sociología reconoce otras formas de familia llamadas **familias alternativas** o **familias atípicas** que, aunque pueden tener importancia para el sociólogo, carecen de la calidad de familia verdadera por cuanto no están basadas en el matrimonio de una pareja. Dentro de esta categoría cabría la familia donde ambos padres son del mismo sexo (homosexual) y la familia que se pretende formar entre múltiples hombres y mujeres (de comunidad).

Todos estos nombres son apenas una esfuerzo por clasificar a la variedad de grupos familiares que se encuentran en la sociedad humana. Pueden existir muchos otros nombres según el momento y el motivo de la clasificación (sociológico, educativo, religioso, económico, administrativo, etc.)

9 780692 716106